EL FIN DEL MUNDO

Billy Rosado El Solitario

To order additional copies of this book, please contact:
Palibrio
1663 Liberty Drive
Suite 200
Bloomington, IN 47403
Toll Free from the U.S.A 877.407.5847
Toll Free from Mexico 01.800.288.2243
Toll Free from Spain 900.866.949
From other International locations +1.812.671.9757
Fax: 01.812.355.1576
orders@palibrio.com

Library of Congress Control Number:		2021918038
ISBN:		
	Softcover	978-1-5065-3857-0
	Ebook	978-1-5065-3858-7

Print information available on the last page

Rev date: 09/02/2021

EL FIN DEL MUNDO

Yo voy a poner en este libro todo lo que está pasando en este mundo y lo que nos espera al final pues sé que lo que va a pasar es un fallo del ser humano que no ha sabido vivir el día tras el día como es necesario, pues al final nos espera el fin del mundo.

Hace años atrás dije que el mundo se estaba acabando, hice 2 libros, uno se llama "El mundo que estamos viviendo" y el otro "El mundo perdido", en el cual especifiqué que lo que estaba pasando se debía al ser humano que estaba enviando los transbordadores al espacio, pues al salir las naves contaminan el medio ambiente y a la vez van moviendo la atmósfera, y el planeta se va contaminando y con eso todo el planeta va cambiando de lugar, y por eso es que en la tierra habrá más fuegos y los mares también se saldrán de lugar, habiendo más inundaciones, habrá más tormentas, por eso es que la emergencia climática va empeorando a medida que pasan los años, ya ustedes ven lo que está pasando hoy en día y todo se debe al ser humano que no piensan con exactitud lo que deben hacer.

Lo que yo comento de las naves que salen de nuestro planeta es como cuando tú vas dando en algo y se va desnivelado hasta que va saliéndo de su lugar, eso pasa cada vez que sale una nave al espacio; eso hace que el planeta se va saliendo de su lugar y por eso es las temperaturas cambian bastante y las montañas y los mares van saliéndose de su lugar actual.

Por el clima es que hay tantos fuegos que va acabando con los manglares y las casas que se encuentar cerca de los manglares, y con el tiempo se acabarán los sitios donde vivir. Pienso que en el mundo si el ser humano sigue con mandar las naves para el espacio y no pensar en lo que estoy expresando en este libro, el mundo no durará mucho más de 100 años, el ser humano se irá para siempre.

Pienso también, que lo que el humano ve en el cielo en diferentes partes del mundo, que piensan que son meteoritos de otros mundos, que son naves del espacio lo que están viendo, son pedazos de este mundo que se van desprendiendo de este planeta, según las naves van saliendo despegan pedazos de este mundo que van cayendo al espacio y caen en diferentes lugares de este mundo y el ser humano dice son naves de otros países.

El ser humano escoge otro rumbo al ver lo que está pasando, y más por lo que está pasando en el mundo y para completar la enfermedad por el corona virus, que también pienso que el ser humano es el culpable de esta enfermedad, pues según los químicos que inventan puede ser que de ahí es que apareciera está enfermedad, pues a veces usan los animales para descubrimiento y asi hayan hecho está enfermedad, que para completar los que no mueren por esta enfermedad los matan en las calles y el abuso del hombre con las mujeres y hasta con los niños el mundo seguirá acábandose.

Lo que está pasando en el mundo, les diré algo, pienso que según las naves que van saliendo de la atmósfera del planeta se va despegando las rocas que están en la superficie de la tierra, eso hace que van cayendo al espacio y estás rocas caen en diferentes países, y el ser humano piensa cuando las ven cayendo que son naves del espacio, no se dan cuenta lo que está pasando, como dicen algunas personas que las ven que caen al mar y luego salen otra vez y lo que pasa es que como esas rocas vienen del espacio a el caer al agua con la rapidez que caen, eso hace que vuelvan a salir si fueran naves como dicen eso viene ocurriendo miles de años y así continuarán.

También lo que está pasando en el mundo con los terremotos, los huracanes, y las matanzas en la calles es otro problema para la comunidad, pues si nos remontamos a miles de años atrás, a Dios también lo mató el ser humano en la cruz y después siguieron las muertes y los países empezaron a ataquarse unos a los otros para apoderarse de los terrenos. El humano también ha sido racista con las personas de color y los esclavizaban muchos años atrás, y mataban a los indios para apoderarse de las tierras, así es que el ser humano la mayoría eran abusivos con los demás y al pasar los años empezaron a abusar de las mujeres y a robar y hacer grupos de pandillas.

A mí me mandaron al mundo para una predicción celestial, para que dijera lo que nos esperaba en el futuro, no soy inminente ni nada por el estilo, solo soy un enviado de Dios para predecir lo que espera a el ser humano con el tiempo.

También se puede hablar de los talibanes que han sido una catástrofe para el ser humano, que no se sabe cuándo van a parar de matar gente, aunque las guerras no van a parar mientras exista el ser humano.

La Primera Guerra Mundial anteriormente llamada la Gran Guerra fue una confrontación bélica centrada en Europa que empezó el 28 de julio de 1914 y finalizó el 11 de noviembre de 1918 cuando Alemania aceptó las condiciones del armisticio.

Si se van a dar cuenta, los fuegos en partes del mundo están acabando con muchas partes del planeta como en California y otros estados, por otro lado los huracanes, las tormentas y encima las matanzas de la humanudad, es como si esto fuera un aviso para los humanos que no se dan cuenta de lo que está pasando.

Y las personas que tengan cuidado con los talibanes que puede que después que ya estén completamente con el país de Afghanistan y con el tiempo pueden hacerles la guerra a Estados Unidos y así habrá más matanza.

En este mundo se puede uno recordar por lo que hemos pasado, como lo de Pablo Escobar y Juaquin Guzmán Loera El Chapo que fueron narcotraficantes y otros más que por tal motivo han estado en este mundo por las adversidades que pasamos y aún lo que nos espera las muertes nunca se van acabar.

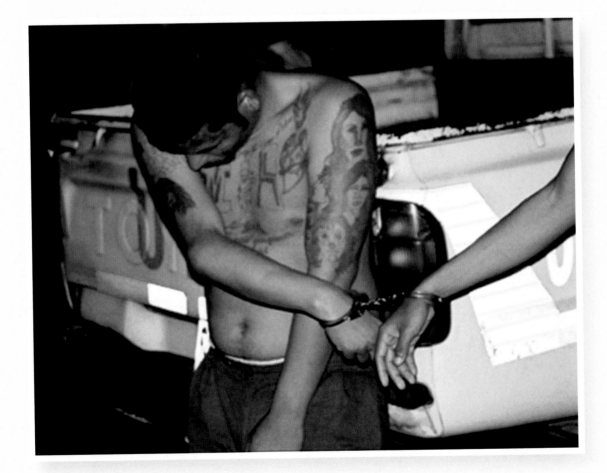

Desde que Dios vino al mundo han pasado tantas cosas que nadie sabe lo que nos espera, pues el ser humano nunca ha sabido llevar las cosas como deben de ser, si empezamos con Dios que murió en la cruz y luego empezaron las esclavitudes, las matanzas y el ser humano empezó a pensar en los productos químicos y los científicos a como descubrir en la ciencia e inventar, empezaron con los aviones, luego empezaron como descubrir lo que había en el espacio y a mandar naves que según salían del planeta y van destruyendo el planeta al salir que así fue que empezaron las tormentas y los huracanes, pues si el ser humano se recuerda cuando Jesucristo vino al mundo no existía nada de eso, y para completar empezaron las guerras y las matanzas y los fuegos y todo en general.

14

Pienso que la epidemia del corona virus que estamos viviendo también fue creada por los científicos que por estar inventando en los laboratorios, fueron los que mandaron está epidemia al ser humano para que se den cuenta de lo que el ser humano sigue construyendo a la humanidad.

Para que se den cuenta de lo que hablo en este libro pueden buscar dos libros que hice antes de que pasara lo que está pasando en el mundo, hice un libro que se llama El Mundo Perdido y otro El Mundo Que Estamos Viviendo, que era como si yo supiera lo que nos esperaba, pueden mirar la fecha en los libros y se pueden dar cuenta que fue mucho antes de la epidemia.

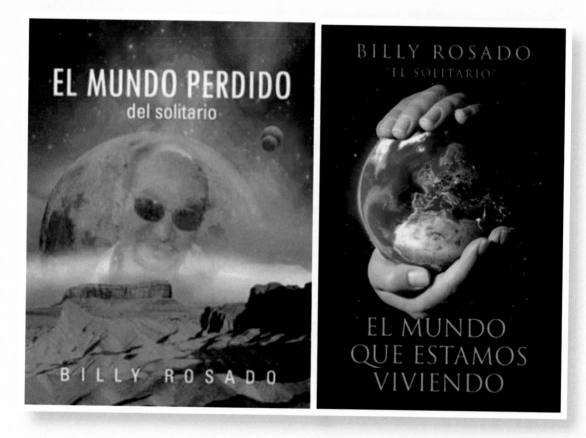

Si ustedes se dan cuenta en los años que yo nací y hasta los 17 años que yo salí de Puerto Rico, solo me recuerdo de una sola tormenta, y al pasar los años pasan un montón de tormentas, eso quiere decir que tengo razón en lo que argumento del Cambio Climático en todos los países, pues no solo en Puerto Rico sucede eso, sino en todos los países. Piensen un poco a ver si no tengo razón en lo que yo digo de las naves que salen de este mundo, pues tampoco en los años que yo nací habían tantas naves que salían al espacio.

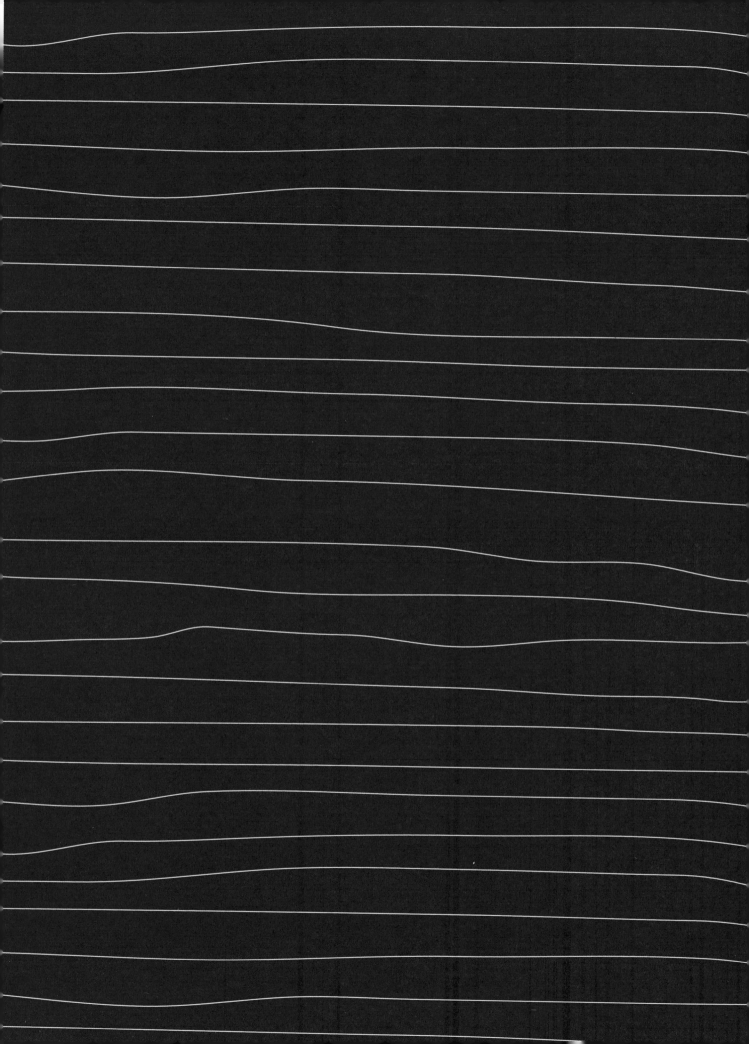

Si el humano fuera más cauteloso en su manera de pensar no hubieran tantas muertes, y sabríamos vivir en paz, pues es triste lo que estamos pasando con las guerras y las matanzas en la calles, el abuso que cometen tanto con las demás personas y con sus propias mujeres, y otros buscando la fama como si con eso fueran a vivir en paz con las demás personas.

Bueno terminando esta historia quiero informarles que esto que he escrito para mí es una historia verdadera, pues todo lo que comento es cierto y lo de las naves que salen del mundo verán que con el tiempo sabrán que es cierto lo que he comentado, deben de leer esta historia que la hago con tristeza al ver que el humano nunca cambiará su manera de pensar.

En esta vida todos nacimos para morir algún día, pero es mejor esperar que Dios nos lleve y no buscar la muerte de otra manera, haciendo cosas malas como robar, matar a otras personas que matan despiadamente a al prójimo, sin ninguna conciencia a él.

Printed in the United States
by Baker & Taylor Publisher Services